AF193777

PREFACIO

Desde las selvas tropicales más exuberantes hasta
los bosques boreales más fríos, los árboles nos rodean y
nos ofrecen mucho más de lo que podríamos imaginar.
Proporcionan oxígeno, purifican el aire, regulan el clima y
sirven de hogar y alimento para innumerables seres vivos.
Pero los árboles no solo son esenciales para la vida; también
son una fuente de asombro y belleza.

En este libro descubrirás la increíble variedad de árboles que
existen en el mundo, desde las imponentes secuoyas hasta
los árboles frutales más dulces, pasando por especies únicas
y curiosas que nunca habrías imaginado. Conocerás sus
formas, colores, funciones y cómo cada uno contribuye de
forma única a la vida en nuestro planeta.

Explora la majestuosidad de los bosques, aprende sobre
la simbiosis entre árboles y animales, y déjate sorprender por
los secretos que esconden estos gigantes de la naturaleza.
Bienvenido al *Magnífico libro de los árboles*.

Dirección editorial: Isabel Ortiz
Textos: Manuela Román
Ilustraciones: Pippa Boom
Diseño y maquetación: Magela Ronda
Preimpresión: Natalia Rodríguez

© SUSAETA EDICIONES S.A.
C/ Campezo, 13 - 28022 Madrid
Tel.: 91 3009100
general@susaeta.com
www.susaeta.com

Cualquier forma de reproducción, distribución, comunicación pública o transformación de esta obra solo puede ser realizada
con la autorización de sus titulares, salvo excepción prevista por la ley. Diríjase a CEDRO (Centro Español de Derechos Reprográficos)
si necesita fotocopiar o escanear algún fragmento de esta obra (www.conlicencia.com; 91 702 19 70 / 93 272 04 47).

D.L.: M-10955-2025

EL MAGNÍFICO Libro DE LOS ÁRBOLES

TEXTOS: MANUELA ROMÁN
ILUSTRACIONES: PIPPA BOOM

susaeta

ÍNDICE

ÁRBOLES FRUTALES, MEDICINALES Y DE USO INDUSTRIAL

Guardianes del planeta

Los árboles son los grandes aliados de la Tierra. *Purifican el aire, regulan el clima y sostienen la vida* de innumerables especies, incluida la nuestra. Desde los bosques milenarios hasta los árboles solitarios en las ciudades, cada uno cumple una función vital. En este libro, exploraremos su diversidad, sus secretos y su impacto en el mundo.

Altos como *rascacielos* o pequeños como *arbustos*. Con hojas gigantes o diminutas, perennes o caducas. Cada árbol cumple un papel esencial en el ecosistema.

La gran familia de los árboles

Los árboles forman una gran familia con una diversidad asombrosa. Se pueden clasificar en varios grupos según sus características botánicas y morfológicas. Cada grupo cumple funciones vitales en los ecosistemas, desde la producción de oxígeno hasta el mantenimiento de hábitats y recursos.

Coníferas

Son árboles resistentes con hojas en forma de aguja y semillas protegidas en piñas. Suelen crecer en climas fríos y mantener sus hojas todo el año.

Frondosas

Son árboles de hojas anchas y planas. Producen flores y frutos. Pueden ser de hoja caduca o perenne y suelen crecer en climas templados y húmedos.

Monocotiledóneas

Árboles sin anillos de crecimiento, de hojas alargadas y gran resistencia. Crecen en climas cálidos y áridos.

Hoja caduca

Los árboles de hoja caduca pierden sus hojas en otoño para ahorrar energía en invierno. En primavera, vuelven a brotar con fuerza.

Hoja perenne

Los árboles de hoja perenne conservan sus hojas durante todo el año, renovándolas poco a poco. Suelen estar adaptados a climas extremos.

Los árboles son el hogar de una increíble diversidad de seres vivos. Desde aves que *anidan* en sus ramas hasta hongos que crecen en sus *raíces*.

Los árboles han protagonizado *mitos y tradiciones* en todas las culturas. Representan vida, sabiduría y fuerza. A menudo se asocian con la conexión entre el cielo y la tierra. Desde el olivo sagrado de los griegos hasta la higuera bajo la cual Buda alcanzó la iluminación, han inspirado rituales, cuentos y creencias que perduran.

El delicado equilibrio

Los árboles desempeñan un papel esencial en el equilibrio del planeta. *Regulan el clima* capturando dióxido de carbono y almacenándolo en su tronco, ramas y raíces. Sin ellos, el exceso de CO_2 aceleraría el cambio climático. Comprender su papel en el *ciclo del carbono* es clave para proteger el equilibrio global.

En las ciudades

En las ciudades, los árboles limpian el aire, absorben calor y crean sombra, haciendo los espacios más habitables. También reducen el ruido y dan refugio a aves y otros animales urbanos.

En los bosques

Además de ser hogar de miles de especies, los bosques regulan el clima. Almacenan carbono, estabilizan la temperatura y protegen los suelos de la erosión. Su biodiversidad es clave para el equilibrio del planeta.

El ciclo del carbono

Los árboles son piezas clave en el ciclo del carbono, un proceso natural que regula el clima de la Tierra. Podemos imaginar este ciclo como un viaje en el que el carbono se mueve entre el aire, el suelo, el agua y los seres vivos.

A través de la fotosíntesis, los árboles absorben dióxido de carbono (CO_2) de la atmósfera y, utilizando la luz solar y el agua, lo convierten en energía para su crecimiento. Este carbono se almacena en su biomasa: troncos, ramas, hojas y raíces, actuando así como *depósitos temporales de carbono*.

Durante su vida, los árboles *capturan más dióxido de carbono del que emiten*, reduciendo su concentración en la atmósfera y mitigando el cambio climático. Sin embargo, este almacenamiento no es permanente. Al morir y descomponerse, liberan el carbono almacenado, un proceso que se acelera si se queman.

En resumen, los árboles no eliminan el CO_2 sino que lo capturan y retienen mientras viven. Cuidar los bosques y gestionarlos de forma sostenible es clave para reducir los gases de efecto invernadero.

La magia de la fotosíntesis

La *fotosíntesis* es uno de los procesos más fascinantes de la naturaleza, una auténtica «fábrica» verde que permite a los árboles y otras plantas *transformar la luz del sol en alimento*. Sin este increíble proceso, la vida en la Tierra no sería posible.

¿Por qué es tan importante la fotosíntesis?

La fotosíntesis es *vital para la vida en la Tierra*. Primero, produce el oxígeno que respiramos y ayuda a los árboles a «limpiar» el aire, transformando *dióxido de carbono en oxígeno*. Segundo, crea *glucosa*, el alimento que las plantas usan para crecer, y que sirve como base de la cadena alimentaria. Sin la fotosíntesis, tampoco existiría el ciclo del carbono, clave para *regular el clima* del planeta. En resumen, este proceso mantiene el aire limpio y garantiza que el planeta sea habitable, siendo una auténtica *magia verde* que sustenta la vida.

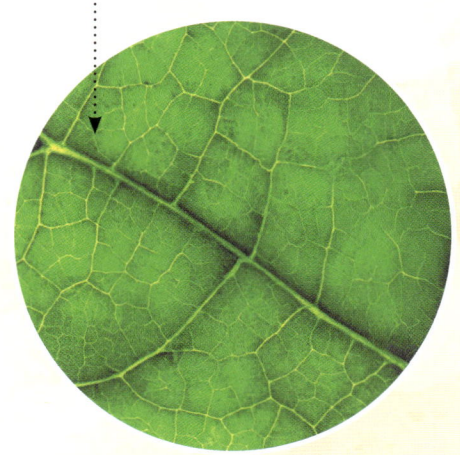

La **clorofila** está almacenada en pequeños orgánulos llamados **cloroplastos**, que actúan como paneles solares en miniatura dentro de las células vegetales.

¿Cómo funciona la fotosíntesis?

Si observamos una hoja de cerca, veremos que tiene un color verde brillante. Este color proviene de un pigmento llamado *clorofila*, que es esencial para captar la energía del sol.

Cuando la luz solar llega a las hojas, la clorofila la absorbe y desencadena una serie de reacciones químicas. Estas reacciones permiten que las plantas utilicen el *agua* (H_2O) que absorben a través de sus raíces y el *dióxido de carbono* (CO_2) que toman del aire. La energía solar convierte estas sustancias en *glucosa*, un tipo de azúcar que es el alimento principal de las plantas, y en *oxígeno* (O_2), que es liberado al ambiente.

El proceso paso a paso

1. Captura de luz:
Las hojas capturan la luz solar gracias a la clorofila, el pigmento verde que se almacena en los cloroplastos.

2. Entrada de dióxido de carbono y agua:
El dióxido de carbono (CO_2) entra por pequeños poros de las hojas, llamados *estomas*, que regulan el intercambio de gases. Mientras tanto, las raíces absorben agua (H_2O) del suelo y la transportan hasta las hojas a través de una red de conductos internos.

3. Transformación en energía:
Con la luz solar como fuente de energía, la planta divide las moléculas de agua en oxígeno (O_2) e hidrógeno (H). A continuación, el hidrógeno se combina con el CO_2 para formar glucosa ($C_6H_{12}O_6$), el azúcar que la planta usa como alimento para crecer y desarrollarse.

4. Liberación de oxígeno:
Como parte del proceso, la planta libera oxígeno (O_2), que no necesita, en grandes cantidades. Este gas sale a través de los estomas de las hojas y enriquece el aire, permitiendo la respiración de los seres vivos.

Las partes de una hoja

Envés: la cara posterior del limbo, a menudo más clara y donde se encuentran la mayoría de los estomas, estructuras que regulan el intercambio de gases.

Peciolo: el tallo que une el limbo al tallo de la planta, permitiendo la orientación de la hoja hacia la luz.

Haz: la parte superior del limbo, generalmente más lisa y de color más oscuro debido a la mayor concentración de clorofila.

Limbo: es la parte plana y ancha de la hoja, generalmente de color verde, donde se realiza la fotosíntesis.

Nervios: son las estructuras que forman una red en el limbo y se encargan de transportar agua, nutrientes y productos de la fotosíntesis.

Anatomía de un árbol

Los árboles son verdaderos pilares de la naturaleza. Mucho más que un simple elemento del paisaje: son *organismos increíblemente complejos*, con estructuras diseñadas para sobrevivir en distintos entornos. Desde las raíces, que los anclan al suelo y absorben nutrientes, hasta las hojas, donde ocurre la magia de la fotosíntesis, cada parte del árbol cumple una función esencial para su crecimiento y el equilibrio del ecosistema.

Semillas:
Son el futuro del árbol. Contienen el material genético y los nutrientes necesarios para dar vida a una nueva planta. Algunas pueden permanecer inactivas durante años, esperando las condiciones adecuadas para germinar.

Frutos:
Protegen las semillas y facilitan su dispersión. Muchos son comestibles y viajan a través de los animales que los consumen. Al caer al suelo, las semillas pueden germinar y dar lugar a nuevos árboles.

Ramas:
Extienden la copa del árbol, permitiendo que las hojas y frutos reciban más luz solar, esencial para la fotosíntesis. También sirven de refugio para muchos animales y sostienen flores y frutos.

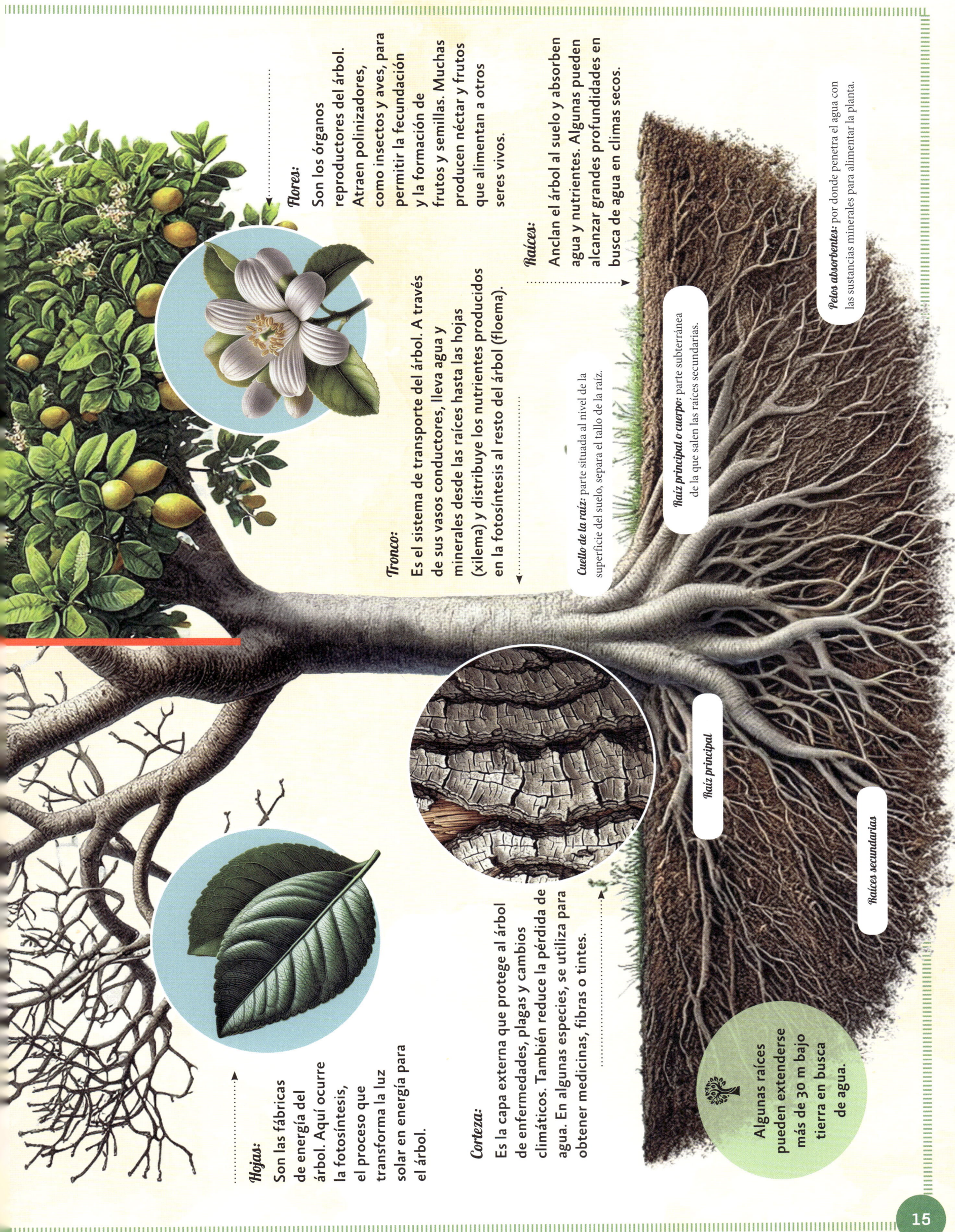

Flores:
Son los órganos reproductores del árbol. Atraen polinizadores, como insectos y aves, para permitir la fecundación y la formación de frutos y semillas. Muchas producen néctar y frutos que alimentan a otros seres vivos.

Raíces:
Anclan el árbol al suelo y absorben agua y nutrientes. Algunas pueden alcanzar grandes profundidades en busca de agua en climas secos.

Pelos absorbentes: por donde penetra el agua con las sustancias minerales para alimentar la planta.

Tronco:
Es el sistema de transporte del árbol. A través de sus vasos conductores, lleva agua y minerales desde las raíces hasta las hojas (xilema) y distribuye los nutrientes producidos en la fotosíntesis al resto del árbol (floema).

Raíz principal o cuerpo: parte subterránea de la que salen las raíces secundarias.

Cuello de la raíz: parte situada al nivel de la superficie del suelo, separa el tallo de la raíz.

Raíz principal

Raíces secundarias

Hojas:
Son las fábricas de energía del árbol. Aquí ocurre la fotosíntesis, el proceso que transforma la luz solar en energía para el árbol.

Corteza:
Es la capa externa que protege al árbol de enfermedades, plagas y cambios climáticos. También reduce la pérdida de agua. En algunas especies, se utiliza para obtener medicinas, fibras o tintes.

Algunas raíces pueden extenderse más de 30 m bajo tierra en busca de agua.

Ciclo de vida de un árbol

Desde una *diminuta semilla* hasta un majestuoso árbol, la naturaleza ha diseñado un *sistema de reproducción* para garantizar la continuidad de los bosques. A través de sus flores, frutos y semillas, los árboles se multiplican, ofrecen alimento a muchas especies y mantienen el equilibrio del ecosistema.

Las semillas: el inicio de todo

Cada árbol comienza su vida como una semilla, una pequeña cápsula llena de energía. Algunas semillas viajan con el viento, como las del arce, otras flotan en el agua, como las del cocotero, y muchas dependen de los animales para dispersarse, como las bellotas o los piñones. Cuando encuentran el lugar adecuado, germinan y comienzan su viaje para converirse en un nuevo árbol.

Partes de una semilla:

Cubierta (testa):

Es la capa exterior que protege la semilla del frío, la desecación y posibles daños. Puede ser lisa, rugosa, dura o fina, según la especie.

Cotiledones:

Son las primeras hojas de la planta en su etapa embrionaria.
En algunos árboles, como las palmeras y los bambúes, hay un solo cotiledón (**monocotiledóneas**).
En otros, como los robles, arces o cerezos, hay dos (**dicotiledóneas**). Muchos cotiledones también almacenan nutrientes para ayudar a la semilla a crecer.

Embrión:

Es la futura planta en miniatura dentro de la semilla. Contiene toda la información necesaria para convertirse en un árbol.

Radícula: es la primera raíz que sale de la semilla al germinar. Crece hacia abajo y desarrolla raíces más pequeñas para absorber agua y minerales del suelo.suelo.

Plúmula: la parte del embrión que dará lugar al tallo y a las primeras hojas cuando la semilla germine.

Hipocótilo: es la zona del embrión entre la radícula y la plúmula. Se alarga durante la germinación para ayudar a formar el tallo.

Endospermo (en algunas semillas):

Es la reserva de alimento que la semilla usa para germinar. Contiene nutrientes como almidón y aceites, esenciales para que el embrión crezca hasta que pueda obtenerlos del suelo.

La *polinización* es el proceso por el cual el *polen* de una flor llega a otra del mismo tipo, haciendo que los árboles se reproduzcan. Algunos, como los pinos o chopos, confían en el viento para transportarlo, mientras que otros dependen de insectos, aves o mamíferos, que lo llevan de flor en flor sin darse cuenta. Todo comienza cuando las anteras liberan el polen, que viaja por el aire o se adhiere a los polinizadores. Si alcanza el estigma de otra flor compatible, desciende hasta el ovario, fecunda los óvulos y da lugar a un fruto con semillas. Sin este proceso, muchos árboles no podrían reproducirse. Por ejemplo, los *murciélagos* polinizan árboles como el baobab o algunas higueras al visitar sus flores nocturnas en busca de néctar.

Las flores: la magia de la reproducción

Las flores de los árboles pueden ser diminutas o espectaculares, pero todas cumplen la misma función: producir semillas. Algunas dependen del viento para dispersar su polen, mientras que otras atraen polinizadores como abejas, mariposas o murciélagos con su color y aroma. Sin polinización, no habría frutos ni nuevas semillas.

Estambres: Son los órganos masculinos de la flor, donde se produce el polen.

Antera: Parte del estambre que contiene el polen.

Filamento: Sostiene la antera.

Cáliz: Formado por sépalos, unas hojas verdes que protegen la flor mientras se está formando. Cuando la flor se abre, los sépalos permanecen en la base, sujetándola y dándole soporte.

Pétalos: Su función es atraer a los polinizadores como abejas, mariposas o aves.

Corola: Compuesta por los pétalos, que suelen ser de colores vivos y perfumados.

Pistilo: Es el órgano femenino de la flor. Incluye el **estigma** (donde llega el polen), el **estilo** (que lo conecta) y el **ovario**, que contiene los óvulos. Si el polen fecunda un óvulo, se formará una semilla.

Los frutos: más que un alimento

Los frutos no solo sirven de alimento, también protegen las semillas hasta que pueden germinar y dar vida a un nuevo árbol. Hay frutos secos, como las bellotas y los piñones, y frutos carnosos, como las manzanas y los mangos. Algunos, como los cocos, pueden viajar por el agua hasta encontrar una nueva costa donde crecer.

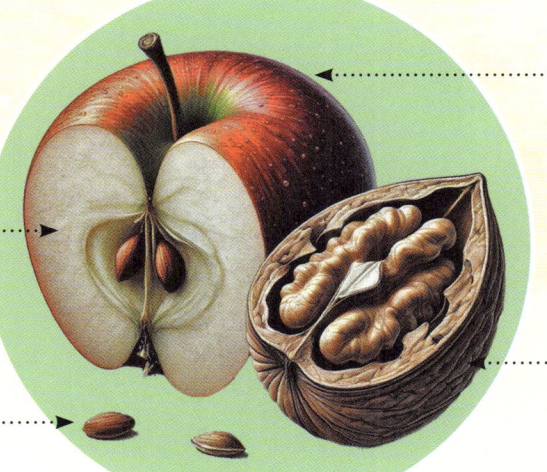

Mesocarpio: Es la parte media del fruto, generalmente carnosa y comestible, como en la naranja, el melocotón o el mango. En algunos frutos secos, como la nuez, el mesocarpio es duro o seco en lugar de jugoso.

Semilla: Es la estructura que dará lugar a un nuevo árbol si encuentra las condiciones adecuadas.

Epicarpio o exocarpio: Es la capa más externa del fruto, lo que vemos y tocamos. Puede ser fina como en una uva o gruesa como en una sandía.

Endocarpio: Es la parte más interna del fruto, la capa que rodea directamente la semilla. En frutos como la manzana, el endocarpio forma el corazón, esa parte más dura donde están las semillas.

En frutos como la nuez, el endocarpio es la cáscara leñosa que protege la semilla comestible. Puede ser fino y blando, como en un tomate, o duro y resistente, como en un melocotón o una nuez.

El cacao, el árbol del chocolate, es muy especial: sus frutos crecen pegados al tronco y solo unas diminutas moscas pueden polinizar sus flores. ¡Sin ellas, no habría chocolate!

EL MAGNÍFICO LIBRO DE LOS ÁRBOLES

El motor del árbol

Los árboles esconden un sistema increíble en su interior. A través de una red de conductos microscópicos en el tronco, transportan *agua y minerales desde las raíces hasta las hojas*, y reparten la energía generada en la fotosíntesis por todo su organismo. Sin este mecanismo, no podrían crecer ni sobrevivir.

Hojas y transpiración. El motor de succión

Las hojas liberan vapor de agua a través de pequeños poros llamados estomas. Este proceso genera un efecto de succión que impulsa el agua hasta las hojas más altas.

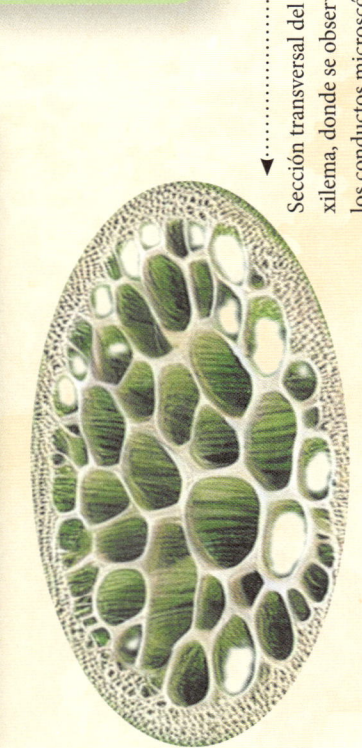

Floema. Distribución de energía

El floema transporta azúcares y otros nutrientes producidos en la fotosíntesis desde las hojas hasta el resto del árbol. Este alimento se distribuye allí donde se necesita para:

1. Crecer en grosor y altura.

2. Alimentar raíces, ramas y frutos.

3. Reparar heridas en la corteza.

Funciona como una red de carreteras que reparte suministros desde las fábricas (hojas) hasta todas las regiones del árbol.

Xilema. La autopista del agua

El xilema transporta agua y minerales desde las raíces hasta las hojas.

El agua y los minerales ascienden desde las raíces hasta las hojas, asegurando la hidratación y el funcionamiento del árbol, gracias a estos tres procesos:

1. *Capilaridad:* Las moléculas de agua ascienden pegadas a las paredes del xilema.

2. *Transpiración:* La evaporación en las hojas succiona el agua desde las raíces.

3. *Presión radicular:* Las raíces generan una ligera presión que impulsa el agua hacia arriba.

Es como si el árbol «bebiera» agua con una pajita gigante.

Sección transversal del xilema, donde se observan los conductos microscópicos que transportan agua y minerales desde las raíces hasta las hojas.

Las capas del tronco de un árbol

Corteza: la capa más externa del tronco. Protege al árbol del frío, el calor, las plagas y las heridas y ayuda a evitar la pérdida de agua.

Floema: Transporta los azúcares y nutrientes que las hojas producen mediante la fotosíntesis hacia el resto del árbol. Está justo debajo de la corteza y es vital para la alimentación del árbol.

Cámbium: Capa encargada de producir nuevas células permitiendo que el árbol crezca en grosor cada año.

Xilema: Transporta agua y minerales desde las raíces hasta las hojas. A medida que el árbol crece, las capas más viejas del xilema se endurecen y forman los anillos de crecimiento.

Raíces.
El punto de partida

Las raíces anclan el árbol al suelo y absorben agua y minerales esenciales. Desde aquí, los nutrientes suben a través del *xilema*, comenzando su viaje hasta las hojas.

¿Qué es la dendrocronología?

Es la ciencia que estudia los anillos de crecimiento de los árboles para conocer su edad y las condiciones ambientales en las que han vivido. Cada anillo representa un año de vida del árbol.

Cada uno de estos anillos tiene dos capas:

• una de color claro: crecimiento en primavera y verano (cuando hay más agua y nutrientes).

• una de color oscuro: crecimiento en otoño e invierno (cuando el crecimiento se ralentiza).

ANILLOS DE CRECIMIENTO

Anillos estrechos, poco crecimiento por falta de agua.

Las marcas oscuras, cicatrices, deformaciones o anillos irregulares pueden indicar incendios forestales, plagas o enfermedades, o cambios ambientales drásticos.

Anillos anchos, clima favorable, mucha agua y nutrientes.

19

Abedul de las canoas
La luz del bosque

El *abedul papirífero o de las canoas* (Betula papyrifera) es un árbol emblemático de los bosques del norte de Estados Unidos y Canadá. Su *corteza blanca, fina* y que se desprende en láminas lo hace inconfundible. Durante siglos, los pueblos indígenas la han utilizado para fabricar cestas, canoas y refugios. Además, contribuye al equilibrio del ecosistema, protegiendo el suelo de la erosión y proporcionando refugio a diversas especies.

Resistencia al fuego

A pesar de su corteza delgada, este abedul tiene una gran capacidad de regeneración. Es una de las primeras especies en rebrotar tras un incendio forestal, ayudando a restaurar el ecosistema y estabilizar el suelo.

Curiosidad

Su nombre, *papyrifera*, significa «portador de papel» y hace referencia a su corteza delgada y flexible. En el pasado, se usaba para escribir mensajes y dibujos, y aún hoy algunas comunidades indígenas la utilizan con fines ceremoniales.

Fruto y semilla

La sámara, una semilla alada, facilita la dispersión por el viento. Al madurar en otoño, se desprende del árbol y puede viajar largas distancias antes de caer al suelo. Gracias a su estructura ligera, la semilla en su interior tiene más oportunidades de germinar en un lugar adecuado, favoreciendo la expansión del abedul blanco en su entorno natural.

Hojas

Ovaladas, con bordes dentados y un color verde intenso en verano. En otoño, se tornan amarillas antes de caer.

Flores

Pequeñas y poco vistosas, agrupadas en amentos colgantes que aparecen a principios de primavera.

ABEDUL BLANCO

Frondosas

Hoja caduca

América del Norte

Hábitat natural

El abedul blanco habita bosques boreales y templados, prefiriendo suelos húmedos pero bien drenados cerca de ríos y lagos. Su presencia enriquece el ecosistema, proporcionando sombra y mejorando la fertilidad del suelo.

Abeto de Normandía
El espíritu del invierno

El *abeto de Normandía* o *abeto del Cáucaso* (Abies nordmanniana) es una de las especies más utilizadas como árbol de Navidad. Su forma piramidal y sus agujas suaves, que se mantienen frescas durante semanas, lo hacen ideal para decorar los hogares.

 ### Fruto y semillas

El fruto es un cono leñoso cilíndrico que se forma en la parte alta del árbol y puede tardar más de un año en madurar. Al deshacerse, libera semillas aladas, que el viento transporta a nuevas zonas del bosque.

 ### Sin flor, con conos

El abeto no tiene flores verdaderas. En su lugar, desarrolla conos masculinos y femeninos: los masculinos producen polen y los femeninos, situados en las ramas superiores, generan los conos que contienen las semillas. El viento es quien los poliniza

Hoja

A diferencia de otros abetos o pinos, sus agujas son suaves al tacto, lo que lo hace ideal para su uso como árbol de Navidad, ya que es más seguro para niños y mascotas.

Refugio natural

Proporciona refugio y alimento a numerosas especies, incluidas aves como el carbonero común (Parus major), que anida en cavidades y se alimenta de insectos entre sus ramas. Además, su densa copa protege el suelo del viento y la erosión, contribuyendo al equilibrio del ecosistema forestal.

El uso de abetos como *árbol de Navidad* comenzó en el siglo XVI en Alemania, donde las familias los decoraban con velas y manzanas. Con el tiempo, la tradición se extendió por Europa y América, convirtiendo al abeto de Normandía en una de las especies más populares para esta celebración.

ABETO DE NORMANDÍA

Coníferas

Hoja perenne

Cáucaso y Asia Menor

Una elección ecológica

Los abetos de Normandía que utilizamos como árboles de Navidad no provienen de bosques naturales, sino de plantaciones controladas. Su cultivo puede ser sostenible si se manejan adecuadamente, ya que absorben CO_2 durante su crecimiento y pueden replantarse tras las fiestas.

Longevidad y crecimiento

Puede vivir entre 400 y 600 años. Su crecimiento es lento, pero en su entorno natural puede superar los 60 m de altura, destacando como una de las coníferas más imponentes.

Resistencia a la caída

Una de las razones por las que se usa tanto en Navidad es su capacidad para retener sus agujas durante semanas, incluso en ambientes secos de interior.

Acacia de Constantinopla
Elegancia y resistencia

La *acacia de Constantinopla* (Albizia julibrissin), también conocida como *árbol de la seda*, es un árbol ornamental muy apreciado por su exótica floración rosada y su resistencia a climas cálidos. Originaria de Asia, ha sido ampliamente plantada en España y otras regiones mediterráneas. Su elegante porte y sus flores de estambres sedosos la convierten en una joya de parques y jardines urbanos.

 ### Adaptabilidad y resistencia

Tolera sequías, suelos pobres y contaminación urbana, lo que la ha convertido en una elección popular para calles y jardines públicos. Su capacidad para adaptarse a entornos hostiles ha permitido su expansión fuera de su hábitat original.

 ### Hojas delicadas y fototrópicas

Sus hojas son compuestas y bipinnadas, lo que les da un aspecto ligero y elegante. Un dato curioso es que se pliegan por la noche, un fenómeno llamado *nictinastia*, lo que ayuda a protegerlas del frío y reducir la pérdida de humedad.

Esta acacia puede crecer hasta 15 m en pocos años, lo que la hace ideal para la reforestación y la creación de sombra en zonas urbanas

Flores

Su rasgo más distintivo: rosas, con largos estambres sedosos que parecen pompones. Florecen en verano y atraen a los polinizadores.

Fruto y semilla

La vaina es un fruto alargado que contiene varias semillas duras. Al secarse, se abre y libera las semillas, que caen al suelo o son dispersadas por el viento o los animales.

Aunque se le llama «acacia», no pertenece al género Acacia, sino al género Albizia. El nombre «Constantinopla» hace referencia a su introducción en Europa a través de Constantinopla (actual Estambul).

ACACIA DE CONSTANTINOPLA

Frondosas

Hoja caduca

Sureste y este de Asia

América del Norte

Hoja caduca

Frondosas

ÁRBOLES DEL MUNDO

Álamo temblón
El murmullo del bosque

El *álamo Temblón (Populus tremuloides)* es famoso por el susurro de sus hojas, que vibran con la brisa más ligera. Es una de las especies más extendidas en América del Norte y, gracias a su reproducción clonal, forma enormes colonias conectadas por un mismo sistema de raíces, creando algunos de los *organismos más grandes y longevos* del planeta.

El árbol que susurra

Las hojas del álamo temblón tienen un peciolo largo y plano, lo que les permite agitarse incluso ante la brisa más ligera, generando su característico susurro.

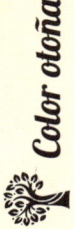
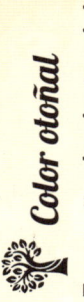

Regeneración por retoños

Se reproduce sobre todo a través de retoños que brotan de su sistema de raíces subterráneas. Este método de propagación le permite expandirse rápidamente y colonizar grandes áreas tras incendios o catástrofes naturales

Color otoñal

En otoño, las hojas del álamo temblón se tornan de un amarillo intenso, creando algunos de los paisajes otoñales más impresionantes de Norteamérica.

Corteza lisa y fotosintética

Es delgada y de un tono blanco verdoso. Contiene clorofila, lo que le permite seguir realizando la fotosíntesis incluso en invierno, cuando ha perdido sus hojas.

Flores

Agrupadas en *amentos colgantes* (estructuras alargadas que reúnen muchas flores pequeñas sin pétalos), aparecen a principios de primavera, antes que las hojas, y son polinizadas por el viento.

Frutos y semillas

El fruto es una cápsula que al madurar se abre para liberar semillas diminutas cubiertas de filamentos algodonosos.

El álamo temblón forma enormes *colonias clonales*, donde varios árboles comparten un mismo sistema de raíces. La más famosa, *Pando*, tiene más de 40.000 troncos genéticamente idénticos y cubre 43 hectáreas en Utah (EE. UU.). Aunque cada tronco vive entre 50 y 150 años, su sistema de raíces se regenera constantemente y se calcula que podría tener una edad de entre 16.000 y 80.000 años.

Árbol del amor
Encanto primaveral

El *árbol del amor (Cercis siliquastrum)* es una joya botánica que deslumbra en primavera con su *intensa floración de color rosa*. Originario del Mediterráneo y Asia occidental, es apreciado por su belleza y su simbolismo cultural e histórico. Sus flores y frutos ofrecen alimento y refugio a numerosas especies.

Flores como mariposas

Son pequeñas, de un intenso color rosa-lila y crecen agrupadas en racimos de tres a seis flores. Aparecen en marzo o abril, antes que las hojas. Su forma y su abundante floración las convierten en un imán para abejas y mariposas, que favorecen la polinización.

Frutos en vaina

Tras la floración, el árbol produce vainas largas y aplanadas que contienen *semillas*, similares a las de otras leguminosas. Estas vainas pueden permanecer en el árbol durante el invierno.

Floración cauliflora

Una de sus características más llamativas es la floración cauliflora, es decir, flores que brotan directamente del tronco y las ramas. Este fenómeno poco común le otorga una apariencia espectacular en primavera.

Sus hojas en forma de corazón y su floración rosada le han valido el nombre de *árbol del amor*. En la tradición mediterránea, simboliza el afecto y la unión.

Tolerante a la sequía

Aunque se adapta mejor a suelos frescos, el árbol del amor es muy resistente a la sequía, lo que lo convierte en una excelente opción para jardines mediterráneos y paisajes áridos.

ÁRBOL DEL AMOR

Frondosas

Hoja caduca

Este del Mediterráneo

Árbol del cacao
El tesoro de chocolate

Del *árbol del cacao* (Theobroma cacao) se obtiene el *chocolate*, uno de los productos más apreciados del mundo. Originario de las selvas tropicales de América, fue cultivado por *mayas y aztecas*, quienes lo consideraban un regalo sagrado. Sus frutos contienen las semillas de cacao, base del chocolate.

Frutos y semillas

El cacao es un *árbol caulifloro*, lo que significa que sus frutos, grandes mazorcas de colores brillantes, brotan directamente del tronco y las ramas principales. Dentro de las *mazorcas* se encuentran entre 20 y 50 semillas. Tras un proceso de fermentación y secado, se transforman en cacao, la materia prima del chocolate.

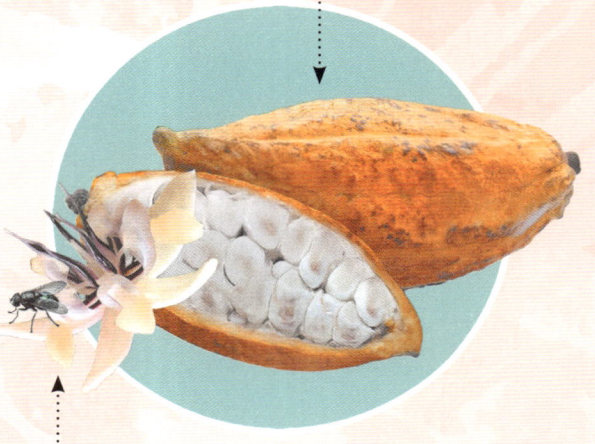

Flores

Las flores del cacao son pequeñas y rosadas. Solo unas pocas llegan a convertirse en fruto.

Sensibilidad tropical

El cacao crece en climas cálidos y húmedos, dentro de una franja de 15° al norte y al sur del ecuador. Su cultivo requiere temperaturas estables y alta humedad, lo que lo hace muy sensible a los cambios climáticos.

Polinización difícil

El cacao depende de diminutas moscas del género Forcipomyia para polinizar sus flores, lo que hace que su producción de frutos sea variable y no tan abundante como se desearía..

El nombre científico «Theobroma» significa «alimento de los dioses», un reconocimiento a la importancia del cacao.

ÁRBOL DEL CACAO

Frondosas

Hoja perenne

América del Sur

Para los mayas y aztecas, el cacao era más que un alimento. Con él se preparaba una bebida amarga en rituales y sus semillas tenían tanto valor que *servían como moneda*. Este valioso recurso se usaba para intercambiar bienes esenciales y tenía un gran simbolismo en la vida cotidiana y religiosa de estas civilizaciones.

Árbol del caucho
El árbol que da vida

El *árbol del caucho (Hevea brasiliensis)* es la principal fuente de *látex*, el líquido lechoso a partir del cual se obtiene el *caucho natural*. Originario de las selvas tropicales de América del Sur, su explotación revolucionó la industria moderna.

 ### La expansión a Asia

Aunque es nativo de América, el árbol del caucho fue introducido en Asia a finales del siglo XIX. Su cultivo prosperó en Malasia, Tailandia e Indonesia, que hoy lideran la producción mundial de caucho.

Semillas
Grandes y duras, con una cáscara marrón moteada.

Las hojas miden hasta 16 cm de largo y 6-7 cm de ancho.

 ### La flor del caucho

Sus flores son pequeñas, poco vistosas y de color blanco amarillento. Se agrupan en racimos. Son polinizadas por insectos y dan lugar a cápsulas que contienen las semillas.

Fruto
Es una cápsula que, al secarse, estalla y dispersa las semillas a gran distancia.

 ### El árbol del látex

El árbol del caucho produce látex, una sustancia lechosa que fluye de su corteza cuando se hacen incisiones controladas. Este látex es el ingrediente principal del caucho natural.

A diferencia del caucho sintético, el caucho natural es un recurso renovable. Los árboles del caucho pueden producir látex durante décadas sin dañar la salud del árbol.

Durante el siglo XIX, el caucho natural fue fundamental para el desarrollo de la industria, permitiendo la creación de productos como neumáticos, gomas elásticas y ropa impermeable.

El látex se extrae a través de un proceso llamado «*sangrado*», que consiste en realizar incisiones en espiral en la corteza del árbol, permitiendo que el látex fluya hacia pequeños recipientes colocados en la base del tronco. Este proceso *debe realizarse con precisión* para no dañar el árbol y asegurar que siga produciendo látex durante muchos años. El «sangrado» se repite de forma regular, y un árbol saludable puede proporcionar látex durante más de 25 años.

Baniano
El gigante de las raíces aéreas

El monumental *baniano* (Ficus benghalensis) destaca por su capacidad de expansión. Sus raíces aéreas, al tocar el suelo, se transforman en troncos nuevos, permitiéndole crecer de forma única y cubrir enormes extensiones de terreno. Algunos ejemplares alcanzan tal tamaño que parecen auténticos bosques.

Características únicas

Puede superar los 30 m de altura y extenderse ampliamente gracias a su denso follaje. Sus grandes hojas verdes y brillantes le dan un aspecto imponente, mientras que su corteza gris y lisa se vuelve rugosa con los años.

El más grande

La copa del *The Great Banyan*, en el Jardín Botánico de Calcuta, India abarca más de 18.000 m², el equivalente a dos campos de fútbol. Con más de 250 años de vida ha resistido tormentas y enfermedades, demostrando la increíble resistencia de su especie.

Fruto y semilla

El fruto es un pequeño higo (*sicono*) que alberga muchas semillas diminutas. Al madurar, lo consumen aves y murciélagos, que dispersan las semillas y ayudan a la propagación del árbol.

Flores

Están escondidas en el sicono. Son polinizadas por avispas especializadas, en una relación simbiótica única.

Frondosas

Hoja perenne

India, Bangladesh y Sri Lanka

El *baniano* comienza su vida como una *planta epífita*, es decir, germina sobre otro árbol sin ser un parásito, solo usándolo como soporte. A medida que crece, sus raíces aéreas se alargan y tocan el suelo, donde se convierten en troncos nuevos. Con el tiempo, puede extenderse tanto que parece un bosque entero formado por un solo árbol.

África

Hoja caduca

Frondosas

ÁRBOLES DEL MUNDO

Baobab
El gran gigante del desierto

Conocido como el «*árbol botella*» o «*árbol de la vida*», el *baobab* (*Adansonia spp.*) es un símbolo de África. Su tronco esponjoso puede almacenar miles de litros de agua, permitiéndole sobrevivir en climas áridos. Con más de *2.000 años de longevidad*, es un recurso vital para las comunidades locales, que utilizan sus frutos, corteza y hojas como alimento, remedios y obtención de leña.

Su gruesa corteza lo protege contra los frecuentes incendios en climas tan secos, lo cual es clave para su supervivencia.

Un ecosistema en sí mismo

El baobab es el hogar de muchas especies. Aves como búhos y loros anidan en sus ramas, mientras que pequeños mamíferos encuentran refugio en sus cavidades.

Fruto y semillas

Conocido como «pan de mono», el fruto es una cápsula leñosa que encierra una pulpa seca rica en vitamina C y muchas semillas duras. Al caer o ser consumido por animales, las semillas se dispersan, ayudando al árbol a reproducirse.

Corteza

Es fibrosa y flexible, ideal para fabricar cuerdas, tejidos y materiales de construcción, convirtiéndolo en un recurso clave en muchas regiones de África.

El baobab tiene una floración única: sus *grandes flores blancas* se abren al anochecer y duran solo una noche. Los *murciélagos frugívoros* son sus principales polinizadores, una adaptación sorprendente a la vida nocturna.

Gigante de la sabana

El baobab destaca por su enorme tronco, que puede superar los 10 m de diámetro. Su estructura esponjosa actúa como un gran depósito de agua, permitiéndole resistir largos periodos de sequía.

En la estación seca *pierde todas sus hojas* para reducir la evaporación, pero sigue activo gracias al agua que almacena en su tronco

Castaño y castaño de Indias
Dos árboles distintos

Aunque comparten nombre, el *castaño* (Castanea sativa) y el *castaño de Indias* (Aesculus hippocastanum) son especies distintas. El primero es apreciado por sus castañas comestibles, mientras que el segundo destaca por su espectacular floración y su valor ornamental

🌳 Floración ornamental

En primavera se cubre de grandes racimos de flores blancas con toques rosados o amarillos. Su espectacular floración hace que sea muy apreciado en jardinería.

Fruto y semillas

La castaña de Indias es una semilla grande, marrón y brillante. No es apta para el consumo humano y es tóxica en grandes cantidades.

CASTAÑO DE INDIAS

🌳 Frondosas

🌳 Hoja caduca

🌍 Europa

🌳 Crecimiento rápido

Puede alcanzar los 30 m de altura en pocos años, con una copa densa que brinda abundante sombra.

Madera valiosa

Su madera es apreciada en carpintería y ebanistería por su gran resistencia y durabilidad. Se emplea en la fabricación de muebles, toneles, etc.

CASTAÑO

Frondosas

Hoja caduca

Europa y Asia Menor

Semilla

La castaña es la semilla del castaño y está cubierta por una fina piel marrón. Es comestible, rica en almidón y muy energética.

Flores en cascada

Cuelgan flores masculinas y femeninas en el mismo árbol; las femeninas forman los frutos y las masculinas el polen.

Fruto

El erizo espinoso es el fruto del castaño. Al madurar, se abre y libera de una a tres castañas en su interior. Su cáscara con espinas protege las semillas de los depredadores hasta que caen al suelo en otoño.

Coníferas

Hoja perenne

Himalaya

Cedro del Himalaya
El gigante sagrado de Asia

El *cedro del Himalaya (Cedrus deodara)* es una de las coníferas más imponentes y sagradas de Asia. Su silueta elegante, con ramas que parecen flotar hacia abajo, lo distingue de otros cedros. Originario de las montañas del Himalaya, crece a más de 1.500 m de altitud, formando densos bosques. Su longevidad y resistencia lo han convertido en un símbolo de fortaleza y espiritualidad en la cultura india y tibetana.

Conos, semillas y viento

El cedro del Himalaya no tiene flores vistosas, sino conos masculinos y femeninos. Los masculinos liberan polen en otoño, mientras que los femeninos forman conos leñosos que tardan más de un año en madurar. Al deshacerse, estos conos liberan semillas aladas, que el viento dispersa para dar lugar a nuevos árboles.

Aroma y resistencia natural

Su madera es aromática, duradera y resistente a la humedad y los insectos, lo que la hace ideal para construcción y carpintería. En la antigüedad, se usaba en templos y palacios por su capacidad para soportar el paso del tiempo.

Puede vivir más de mil años y alcanzar hasta 50 m de altura.

Significado cultural

Venerado en la India y el Tíbet, este árbol se asocia con la pureza y la protección. Su nombre, *deodara*, proviene del sánscrito y significa «dedicado a Dios». Se planta cerca de templos y monasterios como símbolo de paz y longevidad.

Los *bosques de cedros del Himalaya* son el hogar de especies emblemáticas como el *leopardo de las nieves*, el *panda rojo* y diversas *aves de montaña*. Además, estos árboles desempeñan un papel clave en la regulación del agua, al atrapar humedad y proteger los suelos de la erosión.

Cedro del Líbano
El gigante de Oriente

El *cedro del Líbano (Cedrus libani)* es uno de los árboles más *famosos,* admirado por su longevidad, resistencia y simbolismo. Aparece incluso en la bandera de un país. Desde la antigüedad ha sido muy apreciada *su madera duradera y fragante.*

Como es resistente a la putrefacción, la madera de cedro se usaba para construir templos, palacios, barcos y sarcófagos

Frutos y semillas

El cono leñoso del cedro del Líbano tarda hasta tres años en madurar. Al deshacerse, libera semillas aladas que son transportadas por el viento a nuevas zonas del bosque.

Puede vivir más de mil años; hay ejemplares que superan los 1.200 años.

 Flores discretas

El cedro del Líbano no tiene flores vistosas. Sus estructuras reproductoras son conos masculinos y femeninos: los masculinos liberan polen en otoño y los femeninos, al ser fecundados, forman los conos leñosos que albergan las semillas.

El *lobo gris (Canis lupus)* habita en las montañas del Líbano, donde los *bosques de cedro* le brindan refugio y zonas de caza. Estos ecosistemas son el hábitat tanto de los lobos como de sus presas, favoreciendo el equilibrio natural y asegurando su supervivencia en el entorno montañoso.

Coníferas

Hoja perenne

Mediterráneo oriental

Puede alcanzar los 40 m de altura y superar los 2,5 m de diámetro, creando paisajes majestuosos en las montañas donde crece.

El cedro del Líbano es un *símbolo de orgullo e identidad* para este país, presente en su bandera y escudo. Representa fuerza y resistencia, y su importancia se remonta a tiempos antiguos, siendo mencionado en textos religiosos e históricos como un árbol sagrado

43

Ceiba
El protector del bosque tropical

La *ceiba* (*Ceiba pentandra*) es un árbol monumental, venerado en la América Hispana por su *importancia cultural y ecológica*. Su gran altura y majestuosa copa la convierten en un símbolo de fortaleza, mientras que sus *profundas raíces* estabilizan el suelo y brindan refugio a muchas especies. Es considerada un árbol sagrado y un pilar fundamental en los bosques tropicales.

Puede llegar a medir hasta 70 m de altura y su tronco macizo supera los 3 m de diámetro. Crece rápidamente en sus primeros años y, en algunas especies, desarrolla espinas en la corteza juvenil como defensa.

Frondosas

Hoja caduca

América Central y del Sur

Flores

Las flores de la ceiba son grandes y vistosas, con pétalos carnosos de tonos blancos o rosados y numerosos estambres. Se abren al anochecer y son polinizadas por murciélagos, atraídos por su néctar y su aroma intenso.

Fruto y semillas

El fruto es una cápsula leñosa que contiene varias semillas pequeñas envueltas en fibras sedosas llamadas *kapok*, que les permiten flotar en el aire y dispersarse con el viento.

Mito y protección cultural

Para muchas culturas indígenas americanas, la ceiba representa el vínculo entre el mundo terrenal y el espiritual. En la tradición maya, es vista como el eje del universo, mientras que en la cultura afrocubana, se cree que talarla puede traer desgracias.

La capacidad de la ceiba para *retener agua en sus raíces y el suelo* regula la disponibilidad hídrica del ecosistema, lo que beneficia a otras plantas y animales en las épocas secas. Al liberar gradualmente el agua almacenada, previene la desecación del suelo, mantiene la humedad y favorece la supervivencia de especies dependientes del agua, asegurando la estabilidad del ecosistema tropical.

Cerezo japonés
La belleza efímera

El *cerezo japonés* (Prunus serrulata), conocido como *sakura*, es un símbolo de Japón, famoso por su *floración primaveral*. Sus delicadas flores rosas representan la belleza, la renovación y lo efímero de la vida.

Flores

Flores rosas o blancas en racimos, muy ornamentales y polinizadas por insectos. Cada primavera, el cerezo japonés florece durante pocas semanas, cubriendo sus ramas de espléndidas flores que transforman el paisaje.

 ### Crecimiento moderado

El cerezo japonés crece entre 8 y 12 m. Aunque la mayoría vive unos 50 años, algunos ejemplares bien cuidados superan los cien años.

 ### Variedades de cerezo

El *Prunus serrulata* es la variedad más conocida, pero existen muchas otras especies con distintos tonos de flor y formas de crecimiento, aportando más diversidad a los paisajes.

Fruto

A diferencia de otros cerezos, el japonés no produce frutos comestibles (cerezas). Sus pequeños frutos son solo ornamentales y se caen rápidamente después de la floración.

Semillas

Son pequeñas y duras, y están protegidas dentro del hueso de la cereza. Para germinar, necesitan pasar por un periodo de frío que rompe su letargo.

Frondosas

Hoja caduca

Japón, Corea y China

Cada primavera, Japón se llena de color con el *hanami*, una tradición que celebra la belleza efímera de los cerezos en flor. Familias y amigos se reúnen bajo los árboles para contemplar el *sakura*, compartir la comida y disfrutar del momento. Más que una costumbre, es un recordatorio de lo fugaz y valioso de la vida.

47

 ÁRBOLES DEL MUNDO

Mediterráneo Oriental

Hoja perenne

Coníferas

Ciprés
El guardián de los caminos

El *ciprés* (Cupressus sempervirens) es un árbol *icónico de los países del Mediterráneo*, admirado por su resistencia y longevidad. Su porte estilizado y follaje perenne lo hacen ideal para marcar senderos y espacios sagrados. Desde la antigüedad, se planta por su belleza y adaptación a climas secos y suelos pobres.

Madera apreciada

La madera de ciprés es muy resistente a la putrefacción y a los insectos. Al ser tan duradera y fuerte, se empleaba para construir barcos, además de puertas, ventanas y muebles.

Las hojas del ciprés desprenden un aroma fresco que contribuye a eliminar los microbios y purificar el aire a su alrededor.

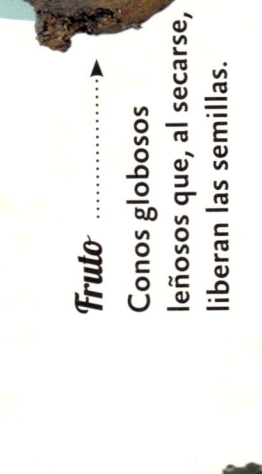

Semillas
Semillas pequeñas y aladas protegidas dentro de conos leñosos.

Fruto
Conos globosos leñosos que, al secarse, liberan las semillas.

Flores
Son poco vistosas, están agrupadas en los conos.

Puede vivir entre 500 y 800 años, aunque algunos ejemplares superan los mil años. Su longevidad y resistencia hacen de él un símbolo del paisaje mediterráneo.

El ciprés es un árbol envuelto en *simbolismo y tradición*. Su silueta estilizada y su follaje siempre verde lo han convertido en un emblema de *eternidad y protección*. En la cultura mediterránea, su presencia en los cementerios evoca el *paso entre la vida y la muerte*, un puente entre la tierra y el cielo. En la mitología griega y persa, se le considera un árbol sagrado, vinculado a los dioses y la inmortalidad.

Drago de Canarias
El guardián de las islas

El *drago de Canarias* (Dracaena draco) es un árbol emblemático de las islas Canarias, donde es símbolo de identidad. Su *longevidad*, su *forma única* y la legendaria *resina roja*, conocida como «sangre de drago», lo han convertido en un árbol envuelto en mitos y tradiciones. Adaptado a condiciones áridas, su resistencia lo hace destacar en el paisaje volcánico canario.

Crece extremadamente despacio. Algunos ejemplares pueden tardar décadas en desarrollar sus primeras ramas.

El drago milenario de Icod

Ubicado en Tenerife, el drago milenario de Icod de los Vinos es uno de los ejemplares más famosos y antiguos, con una edad estimada de más de 800 años. Su imponente silueta y su valor histórico lo han convertido en un icono natural y turístico de Canarias.

Resistencia en suelos volcánicos

Está adaptado a los suelos secos y volcánicos de las islas Canarias, Madeira, Azores y Cabo Verde. Su sistema radicular profundo le permite sobrevivir en zonas áridas con poca agua.

DRAGO DE CANARIAS

Monocotiledóneas

Hoja perenne

Macaronesia y noroeste de África

Flores

Son pequeñas, blancas o verdosas, y se agrupan en racimos. Aunque no son llamativas, atraen a insectos que ayudan en la polinización.

Frutos y semillas

Produce bayas redondeadas y anaranjadas con una semilla dura en su interior.

Su resina roja o «sangre de drago» ha sido utilizada desde la antigüedad en medicina, tintes y barnices. En la época prehispánica, los guanches la consideraban sagrada y la empleaban en rituales y tratamientos curativos.

Encina
Símbolo de resistencia

La *encina (Quercus ilex)* es un árbol robusto y longevo, adaptado a climas secos y suelos pobres. Su madera dura y sus nutritivas bellotas han sido esenciales en la cultura y la economía a lo largo de la historia. Es una especie fundamental en los ecosistemas mediterráneos.

Madera dura y valiosa
Su madera, densa y resistente, soporta bien la humedad y la descomposición, lo que la hace ideal para fabricar herramientas, construir casas y hacer carbón vegetal.

Protección contra la erosión
La frondosa copa y los suelos ricos en materia orgánica bajo su sombra reducen la erosión, protegiendo laderas y tierras áridas.

Longevidad y resistencia
Puede vivir más de 500 años, resistiendo sequías, heladas y suelos pobres gracias a su profundo sistema de raíces, que le permite acceder al agua en climas áridos.

Frutos y semillas
La encina produce *bellotas*, frutos secos con una cúpula leñosa que protege una semilla rica en almidón. Caen en otoño y son alimento clave para los animales, que también ayudan a su dispersión.

Flores
Flores pequeñas y sin pétalos, agrupadas en racimos colgantes (*amentos*) que liberan polen al viento.

ENCINA

Frondosas

Hoja perenne

Mediterráneo

Aunque puede alcanzar hasta 25 m, su crecimiento es muy lento, por lo que la madera es compacta y resistente.

Las *bellotas*, el fruto de la encina, han sido un recurso esencial en la naturaleza y la historia humana. Ricas en almidón y grasas saludables, alimentan a jabalíes, ciervos y aves. En la dehesa, son esenciales para el cerdo ibérico, aportando su sabor al jamón de bellota. Las bellotas se muelen para hacer harina y sopas. Su importancia ecológica es vital para el equilibrio del ecosistema mediterráneo, favoreciendo la regeneración del bosque y la biodiversidad.

Eucalipto
El perfume del bosque

Originario de Australia, el *eucalipto (Eucalyptus globulus)* se distingue por su *rápido crecimiento, aroma característico y uso en la industria del papel y la madera*. Aunque es muy resistente, su impacto en el suelo y la vegetación genera desafíos ecológicos.

Las hojas de eucalipto, ricas en aceites esenciales, tienen propiedades medicinales, para eliminar microbios y mejorar la tos, por lo que se usan en infusiones y remedios para problemas respiratorios.

 ### De Australia al mundo

Nativo de Australia, el eucalipto es clave para la fauna local, especialmente los koalas, que se alimentan de sus hojas. Su capacidad de adaptación le ha permitido expandirse a América, Europa y Asia.

 ### Crecimiento rápido

El eucalipto crece rápidamente, alcanzando 20 m en pocos años. Por eso se emplea para reforestar en poco tiempo zonas sin árboles y obtener madera y papel.

Frutos y semillas

Tienen cápsulas leñosas que protegen sus *semillas* hasta que están listas para germinar. En algunas especies de eucalipto, estas cápsulas solo se abren con el calor de un incendio, liberando las semillas y permitiendo la regeneración del bosque

Flores

Flores sin pétalos, formadas por numerosos y llamativos estambres.

Frondosas

Hoja perenne

Australia

El *eucalipto* libera compuestos químicos a través de sus hojas, raíces y corteza, los cuales se acumulan en el suelo y dificultan el crecimiento de otras plantas cercanas. Este fenómeno le ayuda a reducir la competencia por agua y nutrientes. Sin embargo, cuando se planta en grandes extensiones puede afectar la biodiversidad al limitar la variedad de especies vegetales en el ecosistema.

Ginkgo
El fósil viviente

El *ginkgo (Ginkgo biloba)* es uno de los árboles más antiguos del planeta, un auténtico *fósil viviente* que existe desde la era de los dinosaurios. Originario de China, es la única especie viva de su familia. Su *resistencia, longevidad y valor medicinal* lo han convertido en un símbolo de fortaleza, adaptándose con éxito a diversos climas y entornos urbanos

Las hojas del ginkgo, con su característica forma de abanico, son inconfundibles. En otoño, se tornan de un intenso amarillo, iluminando el paisaje.

Flores

Pequeñas y poco vistosas. Las flores pueden ser masculinas o femeninas.

En Asia es un árbol sagrado, común en templos y jardines. Simboliza la paz y la resistencia, sobre todo en Japón.

 ### Longevidad impresionante:

Los ginkgos pueden vivir más de mil años. Algunos ejemplares en China han superado los 2.500 años, convirtiéndose en verdaderos monumentos naturales.

Un sobreviviente milenario:

El ginkgo, un auténtico fósil viviente, es la única especie que sobrevive después de 270 millones de años. Sus fósiles del Jurásico y Cretácico confirman que coexistió con los dinosaurios. Apenas ha cambiado desde entonces, siendo uno de los árboles más antiguos aún existentes.

Fruto y semillas

El ginkgo es dioico, lo que significa que hay árboles macho y hembra. Los ejemplares femeninos producen **semillas** envueltas en una pulpa amarillenta y olorosa, que desprende un fuerte aroma similar a la mantequilla rancia. Aunque parecen frutos, son en realidad semillas.

Los árboles que sobrevivieron a la bomba de Hiroshima son conocidos como *hibakujumoku* (que significa *«árboles sobrevivientes a la bomba atómica»*). Tras la explosión en 1945, varios ginkgos situados a menos de 2 km del epicentro lograron brotar nuevamente en primavera, a pesar de la devastación. Hoy en día, siguen creciendo y son considerados símbolos de paz, resistencia y esperanza.

Haya y alerce patagónico
Tesoros de los bosques templados

El *haya* (Fagus sylvatica) y el *alerce patagónico* (Fitzroya cupressoides) son dos árboles emblemáticos de los bosques europeos y sudamericanos. Su *longevidad y belleza* los convierten en pilares ecológicos, ofreciendo refugio a la fauna y ayudando a preservar la biodiversidad.

Raíces y madera

Sus raíces superficiales le permiten captar nutrientes de la capa superior del suelo y mantener la humedad en su entorno. La madera, dura y uniforme, es ideal para muebles, herramientas y leña.

Fruto y semillas

El haya produce una cápsula leñosa con cuatro partes que, al madurar, se abre y libera dos o tres hayucos, sus semillas triangulares y pequeñas. Estos son dispersados por el viento o consumidos por animales, ayudando a la regeneración del bosque.

HAYA

Europa

Hoja caduca

Frondosas

Coníferas

Hoja perenne

América del Sur

Distribución

Habita los bosques templados de Chile y Argentina, donde es un símbolo de la Patagonia. Debido a la tala excesiva, su explotación está estrictamente regulada, y en Chile ha sido declarado Monumento Natural para proteger su supervivencia.

El cóndor andino (*Vultur gryphus*) sobrevuela los bosques de alerce patagónico en busca de alimento.

Fruto y semilla

El fruto del alerce patagónico es un cono leñoso que, al madurar, se abre para liberar sus semillas aladas, facilitando su dispersión por el viento.

Raíces y madera

Las raíces del alerce se adaptan a suelos pobres y húmedos, lo que contribuye a su resistencia. Su madera, densa y duradera, ha sido altamente valorada en la construcción y la ebanistería.

Crecimiento lento

Es una de las especies de crecimiento más lento del mundo, formando anillos extremadamente finos que le permiten alcanzar edades milenarias. Su madera densa y resistente lo protege de plagas y enfermedades, pero también lo hace vulnerable a la sobreexplotación, ya que su regeneración puede tardar siglos. Su conservación es clave para preservar los bosques patagónicos y su equilibrio ecológico.

Algunos ejemplares de alerce patagónico superan los 5.000 años, como el célebre *Gran Abuelo*, un majestuoso árbol ubicado en el Parque Nacional Alerce Costero, en Chile. Su longevidad lo convierte en una de las especies más antiguas del planeta. Resistente a climas extremos, su imponente presencia en los bosques patagónicos hace de él un símbolo de fortaleza, historia y conservación.

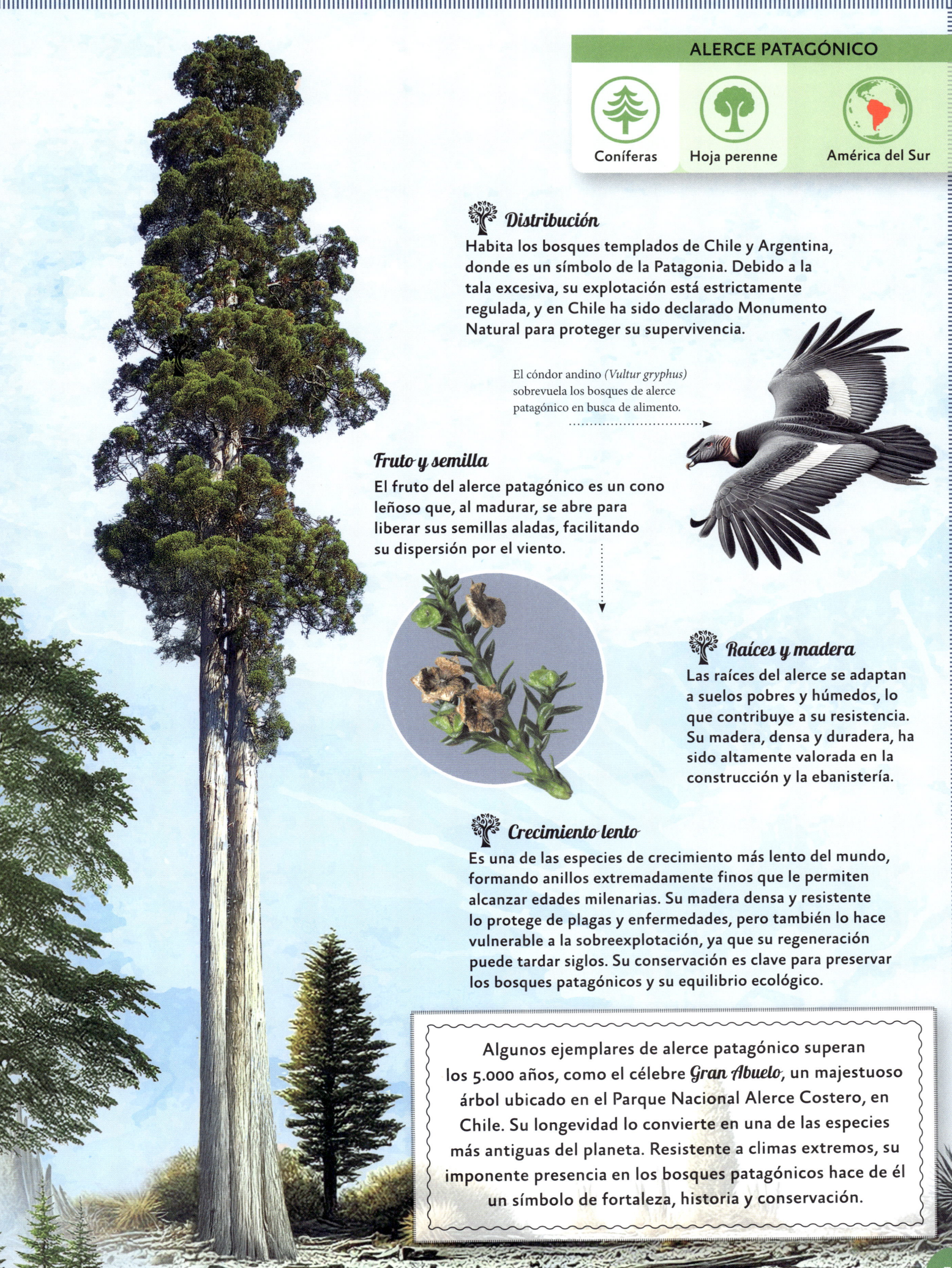

Higuera
La dulzura ancestral

La **higuera (Ficus carica)** es uno de los **árboles más antiguos** cultivados por el ser humano. Originaria del Mediterráneo y Asia occidental, se adapta a climas variados y es común en jardines y huertos. Su **madera, corteza y hojas** han tenido múltiples usos desde la medicina tradicional y forraje para el ganado hasta la fabricación de herramientas.

Fruto
El higo, fruto de la higuera, presenta una gran diversidad de variedades, con colores que van del verde al morado oscuro, cada una con un sabor y textura particulares.

Semillas
Semillas diminutas dentro del higo, dispersadas por aves.

Flores y polinización especial
La higuera no muestra sus flores al exterior, sino que las esconde dentro del higo. Para ser polinizadas, estas diminutas flores dependen de unas pequeñas avispas que entran en el higo para depositar sus huevos. En este proceso simbiótico (de ayuda mutua), la avispa permite la polinización mientras que sus larvas completan su ciclo de vida dentro del higo

La higuera es un árbol resistente que crece sin problemas en tierras secas y suelos poco fértiles, por lo que es ideal para regiones de clima mediterráneo y árido.

 Un árbol milenario:
La higuera es una de las primeras especies que el ser humano cultivó. En el yacimiento neolítico de Gilgal I, en el Valle del Jordán, se encontraron higos casi fósiles datados entre 9400 y 9200 a.C., lo que indicaría que la higuera se cultivaba mil años antes que el trigo, la cebada o las legumbres.

Frondosas

Hoja caduca

Mediterráneo
y Asia Occidental

Desde la antigüedad, la higuera ha estado rodeada de *simbolismo y misterio*. En muchas culturas mediterráneas y asiáticas, se consideraba un árbol sagrado vinculado a la fertilidad, la abundancia y la sabiduría. En la mitología griega se asocia a divinidades como Dionisio y Deméter, simbolizando fertilidad y prosperidad. En Roma, la tradición cuenta que Rómulo y Remo, fundadores de la ciudad, fueron amamantados por una loba bajo la higuera en el monte Palatino.

Magnolio y jacarandá
Floraciones espectaculares

El *magnolio* (*Magnolia grandiflora*) y el *jacarandá* (*Jacaranda mimosifolia*) destacan por sus *impresionantes floraciones*. Sus grandes y coloridas flores los convierten en protagonistas de la primavera. Se plantan en todo el mundo por su gran belleza y elegancia.

Flores

El magnolio destaca por sus grandes flores blancas, de hasta 25 cm de diámetro, que desprenden un delicado aroma. Su floración puede extenderse desde la primavera hasta el inicio del otoño.

Fruto y semillas

El fruto es un cono leñoso que, al madurar, se abre para liberar sus semillas rojas, que cuelgan brevemente de hilos antes de caer al suelo o ser dispersadas por aves.

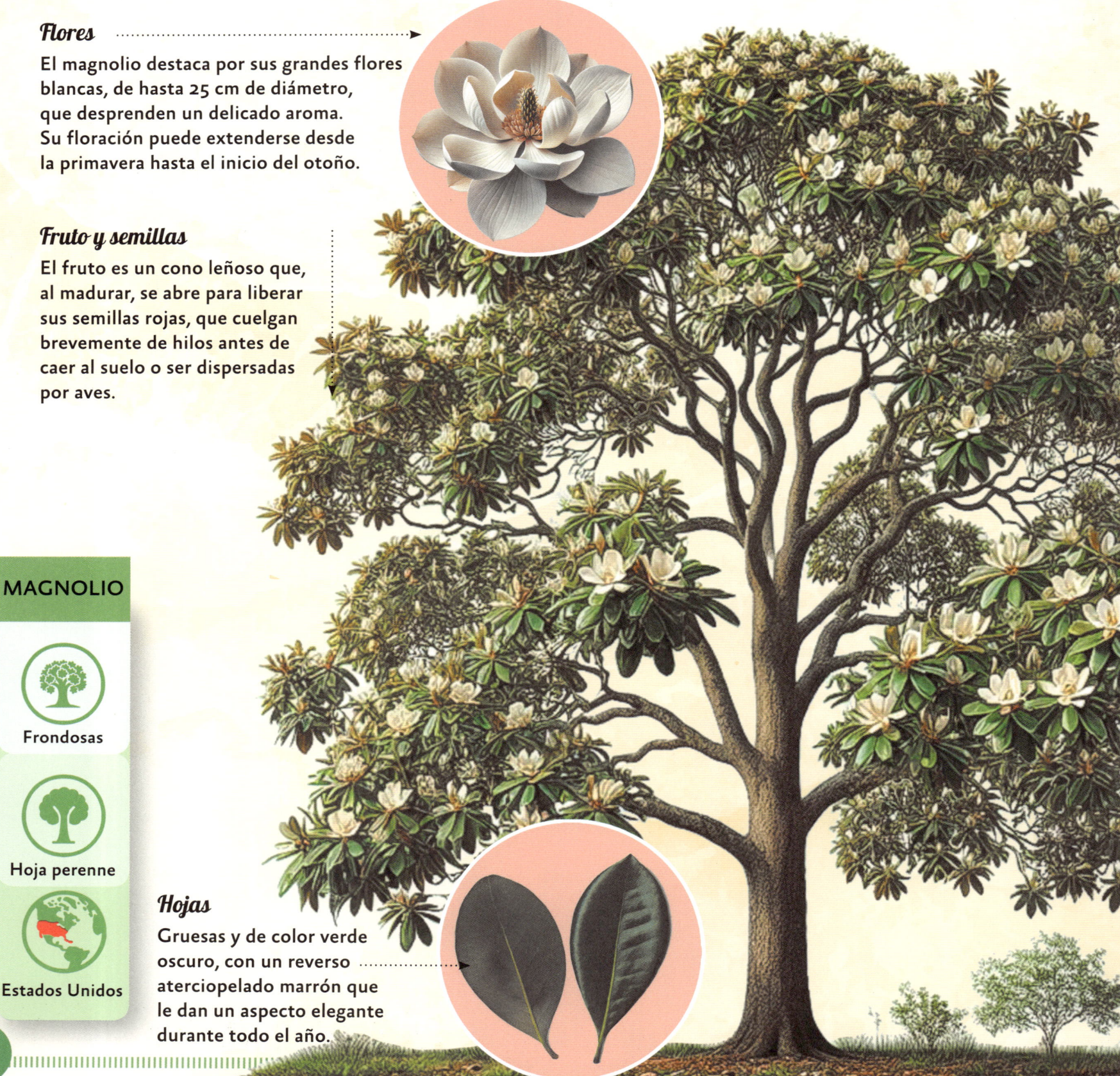

MAGNOLIO

Frondosas

Hoja perenne

Estados Unidos

Hojas

Gruesas y de color verde oscuro, con un reverso aterciopelado marrón que le dan un aspecto elegante durante todo el año.

Hojas delicadas y elegantes

Las hojas del jacarandá, compuestas y de aspecto plumoso, le dan un aire ligero y elegante. En climas cálidos, su follaje permanece verde gran parte del año, mientras que en regiones más frías puede perder más hojas durante el invierno.

Fruto y semillas

El fruto es una cápsula leñosa y redonda que, al madurar, se abre para liberar sus semillas aladas, que son dispersadas por el viento.

Madera ligera y resistente

Su madera es ligera y resistente. Se emplea en la fabricación de muebles e instrumentos musicales. Su rápido crecimiento y adaptabilidad a diversos climas lo convierten en una especie valiosa para entornos urbanos y proyectos de reforestación.

Flores de color violeta

El jacarandá es célebre por sus flores en forma de campana e intenso color violeta que cubren el árbol durante la primavera. Al caer, los pétalos forman una hermosa alfombra en el suelo.

Olivo
El árbol de la paz y la abundancia

El *olivo (Olea europaea)*, símbolo del Mediterráneo, es un árbol longevo y resistente, famoso por sus frutos: las *aceitunas*, de los que se obtiene el aceite de oliva. Con raíces profundas en la historia y la cultura, ha representado la paz, la abundancia y la fortaleza a lo largo de los siglos.

Fruto y semilla

La aceituna es un fruto carnoso con tres capas: una piel fina (exocarpio), una pulpa comestible rica en aceite (mesocarpio) y un hueso duro que protege la semilla (endocarpio). Como otros frutos, como el melocotón o la cereza, su semilla está encerrada en una cáscara leñosa.

Flores

Pequeñas y blancas, agrupadas en racimos, polinizadas por el viento y los insectos.

Longevidad legendaria

Los olivos pueden vivir miles de años. Un ejemplo excepcional es el olivo de Vouves, en Creta (Grecia), cuya edad se estima entre 2.000 y 4.000 años. A pesar de su antigüedad, sigue produciendo aceitunas y ha sido declarado monumento natural protegido.

Con las aceitunas prensadas se obtiene el aceite de oliva, esencial en la cocina mediterránea y apreciado por su sabor y beneficios para la salud. Además, el olivo aporta una madera resistente, ideal para carpintería y artesanía, y un gran valor ornamental.

El olivo resiste la sequía y crece en suelos pobres gracias a sus raíces profundas, que acceden a agua y nutrientes en condiciones difíciles. Esta adaptación le permite prosperar en climas áridos y anclarse con firmeza en terrenos rocosos.

Desde la antigua Grecia, el olivo representa la paz, la sabiduría y la prosperidad. Se consideraba sagrado y se plantaba en lugares de gran valor espiritual y social.

OLIVO

Frondosas

Hoja perenne

Mediterráneo

Olmo
El guardián resistente

El *olmo* (Ulmus minor) es un árbol *fuerte y elegante*, con una copa amplia que ofrece sombra y refugio. Su madera, dura y flexible, ha sido valorada desde la antigüedad en carpintería y construcción naval. Aunque una terrible enfermedad, la grafiosis, redujo sus poblaciones, sigue siendo un *símbolo de resistencia* y un árbol clave en la restauración de ecosistemas degradados.

Las hojas del olmo tienen un borde dentado y una textura rugosa, rasgos que las hacen inconfundibles.

Flor, fruto y semilla

El olmo florece a finales del invierno, antes de que broten las hojas. Sus flores pequeñas y sin pétalos son polinizadas por el viento y dan lugar a sámaras planas y redondeadas, parecidas a hojas. En el centro de cada una se encuentra la semilla, incrustada en el ala, que permite que viaje con la brisa a nuevas zonas.

 **Olmos históricos**

En muchas ciudades europeas, los olmos han sido puntos de reunión en plazas y espacios públicos. En España, destacan la Olma de Santa Cecilia (Segovia), con más de cinco siglos de historia, y el Olmo de Navajas (Castellón), un emblema local.

La grafiosis, una enfermedad causada por hongos y transmitida por escarabajos, bloquea los vasos del olmo, impidiendo el paso del agua y marchitándolo. Desde el siglo XX, ha diezmado sus poblaciones en Europa, pero gracias a programas de conservación han surgido variedades resistentes a esta enfermedad.

Frondosas

Hoja caduca

Sur de Europa, Asia occidental y norte de África.

Las raíces del olmo son fuertes y profundas. Estabilizan el suelo, previenen la erosión y le permiten resistir inundaciones y adaptarse a diversos terrenos.

Palmera datilera
El árbol del desierto

La **palmera datilera** (*Phoenix dactylifera*) es vital en regiones áridas y subtropicales, donde su resistencia y versatilidad la han convertido en un símbolo de vida. Sus *dátiles*, ricos en nutrientes, han sido un alimento esencial durante milenios. Además, cada parte del árbol se aprovecha, desde las hojas hasta el tronco, desempeñando un papel clave en la cultura y economía de muchas civilizaciones.

Fruto y semilla

Dulces y nutritivos, los dátiles son ricos en fibra y potasio. Su alto valor energético los ha hecho esenciales en regiones áridas. Contienen una semilla dura y alargada, que puede germinar en suelos cálidos y secos.

Originaria de Oriente Medio y el norte de África, hoy se cultiva en climas cálidos de todo el mundo, desde California hasta el sur de España.

Símbolo y polinización

La palmera datilera, símbolo de fertilidad en muchas culturas, es clave en festividades y rituales. Para mejorar su producción, se lleva a cabo la polinización manual, garantizando cosechas abundantes y de calidad.

 Resistencia al viento y la arena

Gracias a su tronco flexible y sus hojas en forma de abanico, la palmera datilera soporta fuertes vientos y tormentas de arena en los desiertos. Su estructura le permite minimizar la pérdida de agua y resistir condiciones extremas sin perder vitalidad.

Raíces adaptadas al desierto

A pesar de crecer en entornos áridos, la palmera datilera posee raíces profundas que buscan agua en el subsuelo, lo que le permite sobrevivir en oasis y suelos secos. Su capacidad para retener humedad ayuda a estabilizar el terreno y prevenir la erosión en zonas desérticas.

El dromedario (*Camelus dromedarius*) vive en regiones desérticas donde crecen palmeras datileras y se alimenta de sus frutos.

Se cultiva desde hace más de cinco mil años y ha sido esencial en los oasis, ofreciendo sombra, refugio y recursos en el desierto.

Monocotiledóneas

Hoja perenne

Suroeste de Asia y norte de África

Vida y cosecha

La palmera datilera puede vivir más de un siglo y seguir produciendo dátiles durante gran parte de su vida. Su ciclo de fructificación es anual, y un solo árbol puede dar cientos de kilos de dátiles al año.

Flores

Pequeñas y agrupadas en grandes racimos. Los árboles son dioicos: hay ejemplares masculinos y femeninos. Las flores masculinas son compactas y producen polen, mientras que las femeninas, más sueltas y grandes, dan lugar a los dátiles tras la polinización.

Cada parte de la *palmera datilera* tiene un uso valioso. Sus frutos son un alimento básico en zonas áridas, sus hojas se emplean en cestería, techado y fabricación de cuerdas, y su tronco se ha utilizado en construcción y como combustible. Hoy en día, sigue siendo clave en la agricultura de Oriente Medio y el norte de África, donde no solo se cultiva por sus dátiles, sino también para la producción de bioproductos ecológicos y la conservación de suelos en regiones desérticas.

Pino piñonero
El árbol de los piñones

El *pino piñonero* (Pinus pinea), árbol emblemático del Mediterráneo, se reconoce por su copa redondeada y sus *piñones comestibles*, valorados desde la antigüedad. Abundante en España e Italia, cumple una función ecológica clave, estabilizando suelos y dando refugio a la fauna.

La madera del pino piñonero es aromática y se utiliza en carpintería y como leña, aunque su valor principal reside en sus piñones.

 Ciclo de vida largo:

Puede vivir de 100 a 250 años, con algunos ejemplares que superan los 300. Su crecimiento es lento y sus conos tardan hasta tres años en madurar, algo raro entre las coníferas. A lo largo de su vida, produce miles de piñones, esenciales para la fauna y la gastronomía humana desde tiempos antiguos.

Semillas

Los piñones, alojados en los conos del pino piñonero, son una fuente natural de energía gracias a su alto contenido en grasas, proteínas y minerales. Además de ser apreciados por el ser humano, alimentan a muchas especies como ardillas, jabalíes y aves, como el *pico picapinos*, que contribuyen a su dispersión y regeneración.

Flores

Conos (piñas) masculinos y femeninos en el mismo árbol; los masculinos liberan polen en primavera.

Fruto

Piñas leñosas que tardan varios años en liberar los piñones.

Su copa ancha y redondeada le da una forma de sombrilla, lo que lo hace inconfundible en el paisaje.

Raíces mediterráneas

Adaptado a suelos arenosos y secos, desarrolla raíces profundas que previenen la erosión y frenan la desertificación.

PINO PIÑONERO

Coníferas

Hoja perenne

Mediterráneo

Plátano de sombra
El guardián de las avenidas

El *plátano de sombra* (Platanus × acerifolia) es un árbol urbano por excelencia, habitual en *avenidas y parques* gracias a su resistencia y tolerancia a la contaminación. Su abundancia como árbol ornamental y su corteza, que se desprende en parches, lo hacen inconfundible.

 ### Un híbrido resistente

El plátano de sombra es un cruce entre el plátano oriental (Platanus orientalis) y el plátano occidental (Platanus occidentalis), lo que le proporciona gran resistencia y longevidad.

 ### Corteza decorativa

Su corteza se desprende en parches, creando patrones irregulares de tonos claros que lo hacen inconfundible en el paisaje urbano.

Sus hojas, semejantes a las del arce, son grandes y lobuladas, proporcionando abundante sombra y un atractivo ornamental que refuerza su popularidad en ciudades.

 ### Amigos alados

El gorrión común *(Passer domesticus)* es un visitante frecuente de este árbol. Usa sus ramas para anidar y su follaje como refugio y fuente de alimento.

Flor, fruto y semilla

El plátano de sombra tiene flores poco vistosas, agrupadas en esferas colgantes, con flores masculinas y femeninas en el mismo árbol. Tras la polinización por el viento, produce frutos redondos y colgantes que al madurar se deshacen, liberando pequeñas semillas con pelillos que flotan en el aire.

PLÁTANO DE SOMBRA

Frondosas

Hoja caduca

Europa

Puede superar los 30 m con rapidez, formando una copa ancha con hojas grandes que dan una sombra densa, perfecta para refrescar pueblos y ciudades en verano.

A pesar de su resistencia a la contaminación, el plátano de sombra es vulnerable al *hongo Ceratocystis platani*, causante del *chancro* del plátano. Esta enfermedad ha reducido drásticamente sus poblaciones en Europa y América, representando una seria amenaza.

Roble común y roble rojo americano
Símbolos de fuerza y resistencia

El *roble común* (Quercus robur) *y el roble rojo americano* (Quercus rubra) son dos especies muy apreciadas. Su madera robusta y su presencia en los bosques los han asociado con la estabilidad y la espiritualidad.

Fruto y semillas

La bellota, fruto seco de maduración bianual, tiene una cúpula poco profunda y protege en su interior la semilla, esencial para la regeneración del árbol.

Color rojo

Sus hojas adquieren un intenso tono rojo en otoño, creando un característico paisaje otoñal.

ROBLE ROJO AMERICANO

Frondosas

Hoja caduca

América del Norte

Crece más rápido que el roble común y puede alcanzar hasta 30-35 m de altura.

Las hojas lobuladas del roble común brotan en primavera y caen en otoño tras volverse doradas y marrones.

ROBLE COMÚN

Frondosas

Hoja caduca

Europa y Asia occidental

Hoja

Caduca, de forma lobulada y margen ondulado, típica de los robledales.

Fortaleza y longevidad

En la mitología celta y otras tradiciones europeas, el roble representa la fuerza y la estabilidad. Puede vivir más de mil años, y su resistencia lo ha convertido en un emblema cultural.

Madera resistente

Su madera, densa y duradera, es ideal para fabricar muebles, barricas y para la construcción. Su adaptación a climas templados y distintos tipos de suelo le permite crecer en diversas regiones.

Fruto y semillas

La bellota, de maduración anual, es un fruto seco con una cúpula escamosa que protege su semilla. Las bellotas son clave en la alimentación de ardillas y ciervos, además de ayudar a la regeneración del bosque.

Sauce llorón y chopo
Árboles de las aguas

El *sauce llorón* (Salix babylonica) y el *chopo* (Populus nigra) crece en riberas y zonas húmedas, donde absorbe agua y regula la humedad del suelo. Previene la erosión y contribuye al equilibrio del ecosistema. Su elegancia lo convierte en protagonista del paisaje.

Absorción de agua

Actúa como una esponja natural, absorbiendo grandes cantidades de agua del suelo. Esta capacidad le permite controlar la humedad de su entorno y prevenir la erosión en riberas y márgenes de ríos.

En muchas culturas simboliza la tristeza y la melancolía, pero también la renovación y la esperanza.

Flor, fruto y semilla

Antes de que broten las hojas, el sauce produce amentos amarillentos polinizados por el viento. Tras la floración, se forman pequeñas cápsulas que, al madurar, liberan unas semillas diminutas con filamentos algodonosos, que el viento dispersa a gran distancia.

SAUCE LLORÓN

Frondosas

Hoja caduca

Asia

Hojas

Las ramas caen como una cascada y, junto a sus hojas estrechas y colgantes, le dan ese aspecto elegante y reconocible que lo hace inconfundible.

Frondosas

Hoja caduca

Europa, Asia y Norte de África

Hojas que susurran

Las hojas de los chopos, ligeras y flexibles, se agitan con la más mínima brisa. Su forma especial les permite vibrar y producir un sonido característico, parecido a un suave susurro, creando un efecto visual y melodioso único.

El chopo supera los 30 m de altura en pocas décadas, siendo ideal para restaurar riberas y controlar la erosión.

Madera ligera

La madera del chopo es ligera y fácil de trabajar. Se emplea en la fabricación de papel, cajas, fósforos y otros productos industriales.

Raíces profundas

El chopo desarrolla raíces extensas y profundas, que le permiten acceder al agua subterránea y estabilizar las riberas de los ríos.

Flores

Amentos colgantes, con flores masculinas y femeninas en árboles separados, polinizadas por el viento.

Frutos y semillas viajeras

El fruto es una cápsula primero verde y luego parda. Las semillas están cubiertas por una pelusa blanca que las ayuda a dispersarse.

Secuoya gigante
El coloso del bosque

La *secuoya gigante* (Sequoiadendron giganteum) es el árbol *más colosal del planeta*, tanto en tamaño como en longevidad. Estas maravillas naturales, que pueden vivir *miles de años*, se alzan en las montañas de California. Su increíble altura y resistencia a condiciones extremas las convierten en un símbolo de fortaleza y eternidad.

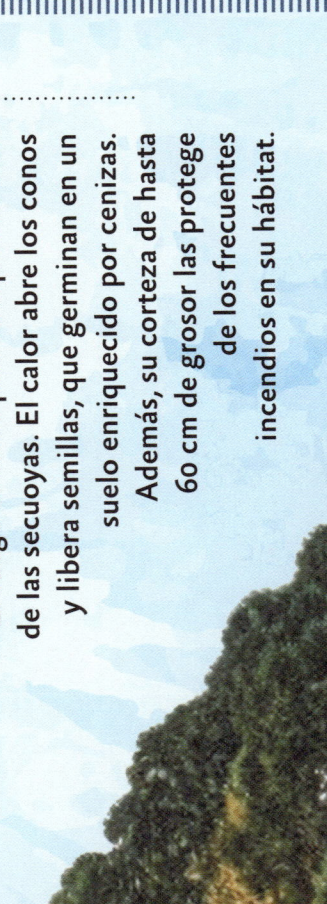

El fuego es clave para la reproducción de las secuoyas. El calor abre los conos y libera semillas, que germinan en un suelo enriquecido por cenizas. Además, su corteza de hasta 60 cm de grosor las protege de los frecuentes incendios en su hábitat.

Las secuoyas gigantes pueden crecer hasta *90 m de altura*, lo que las convierte en los árboles más altos del planeta.

A pesar de su tamaño, las secuoyas no tienen raíces profundas. En lugar de eso, extienden sus raíces horizontalmente hasta 30 m, lo que les proporciona una base firme en el suelo forestal.

Flor, fruto y semilla
La secuoya gigante no tiene flores, sino conos masculinos y femeninos. Los masculinos liberan polen, y los femeninos forman conos leñosos que tardan años en madurar. Cuando se abren (a veces tras un incendio), liberan semillas muy pequeñas, que el viento puede llevar a nuevas zonas del bosque.

El *General Sherman*, la secuoya más grande del mundo, se eleva hasta los 83 m de altura y alcanza 11 m de diámetro en su base. Con una edad estimada de entre 2.300 y 2.700 años, sigue creciendo año tras año, resistiendo incendios y adaptándose a los cambios climáticos desde hace milenios.

Tamarindo
El árbol de los sabores

El *tamarindo (Tamarindus indica)* es un árbol tropical de gran longevidad, valorado por su *fruto agridulce y sus múltiples usos* en la cocina, la medicina y la industria. Originario de África tropical, se ha expandido por América, Asia y el Caribe, donde es parte esencial de la gastronomía y la cultura local.

Hojas

Sus hojas compuestas se pliegan al atardecer. Este proceso se conoce como *nictinastia*. Es un árbol resistente a la sequía, capaz de vivir más de 250 años en suelos áridos y calurosos.

Flores

Pequeñas, de color amarillo pálido con vetas rojizas, crecen en racimos y atraen insectos que aseguran la polinización.

Fruto y semilla

Los frutos del tamarindo son vainas alargadas de color marrón que contienen una pulpa comestible de sabor agridulce y semillas duras. Esta pulpa es rica en ácidos naturales y antioxidantes, y muy apreciada en la cocina y la medicina tradicional. Se emplea en salsas, bebidas y dulces.

Su madera, densa y resistente, se usa en carpintería y en la construcción. De sus semillas se extrae un aceite utilizado en la industria, así como una harina adhesiva natural. Su pulpa, además de como alimento, se ha utilizado tradicionalmente para limpiar metales y eliminar óxido de forma eficaz.

Árbol resistente y longevo

Puede alcanzar hasta 25 m de altura, con un tronco robusto y una copa ancha y frondosa que proporciona sombra en climas cálidos.

Monos, elefantes y otros animales frugívoros ayudan a dispersar sus semillas a través de sus heces, facilitando la regeneración del árbol en su hábitat natural.

TAMARINDO

Frondosas | Hoja perenne | África

Tulípero de Virginia
El gigante de los bosques

El **tulípero de Virginia** (Liriodendron tulipifera) es uno de los árboles más altos de América del Norte. Su rápido crecimiento y madera versátil lo hacen valioso para la reforestación y la industria maderera. Destaca por sus grandes flores y su elegante porte, por lo que también es un árbol ornamental muy apreciado.

Flores

Sus grandes flores amarillo-verdosas, con forma de tulipán, aparecen a finales de la primavera y producen abundante néctar, atrayendo a abejas y colibríes.

Fruto y semilla

Produce un cono leñoso alargado que, al madurar, se descompone y libera numerosos frutos alados (llamados sámaras), cada uno con una semilla que el viento ayuda a dispersar.

🌳 Madera versátil

La madera del tulípero es suave, de color claro y fácil de trabajar. Por su resistencia y uniformidad, se usa en la fabricación de instrumentos musicales, embarcaciones y carpintería fina.

🌳 Crecimiento rápido

Alcanza hasta 60 m de altura, siendo uno de los árboles más altos del este de Norteamérica. Su crecimiento acelerado lo hace ideal para la restauración de bosques.

El venado cola blanca (Odocoileus virginianus) se alimenta de los brotes y hojas tiernas, especialmente en primavera, y busca protección entre su densa vegetación.

El tulípero se distingue por su tronco alto y recto, con pocas ramas en la base y un aspecto simétrico.

El **tulípero de Virginia** no solo destaca por su altura y belleza, sino también por mejorar su hábitat. Sus **flores** atraen polinizadores como abejas y mariposas, mientras que sus **semillas** son fuente de alimento para ardillas y aves. Su **tronco** robusto sirve de refugio para diversas especies.

Es un árbol de gran longevidad, capaz de vivir más de 200 años, con ejemplares que han superado los 300.

Frondosas

Hoja caduca

América del Norte

Raíces fuertes

El tulípero desarrolla un sistema de raíces profundas que le permite anclarse con firmeza y resistir vientos fuertes.

Aguacate y mango
Dos joyas tropicales

El *aguacate* (Persea americana) y el *mango* (Mangifera indica) son dos de los *frutos tropicales más populares* y apreciados en todo el mundo. Ambos han sido fundamentales en la gastronomía de muchas culturas.

Fruto y semilla

El aguacate es una baya carnosa de piel rugosa y pulpa cremosa, rica en grasas saludables. En su interior guarda una semilla grande y redondeada fácilmente reconocible.

Flores

Pequeñas flores amarillentas polinizadas por insectos.

Resistente y generoso

El árbol del aguacate alcanza 20 m de altura y da cientos de frutos al año. Sus raíces profundas le permiten adaptarse a climas tropicales y subtropicales.

Un árbol milenario

Cultivado en México y Centroamérica desde hace miles de años, el aguacate era sagrado para aztecas y mayas, que lo llamaban ahuacatl («testículo» en náhuatl) por su forma peculiar.

AGUACATE

Frondosas

Hoja perenne

México y Centroamérica

Los aguacates son el principal componente del famoso guacamole.

Fruto y semilla

La jugosa pulpa del mango es una excelente fuente de vitaminas A y C, esenciales para la piel, la vista y el sistema inmunológico. En su interior, alberga una semilla grande y plana, protegida por una cáscara dura, que permite su propagación en climas cálidos.

Racimos perfumados

Agrupadas en grandes inflorescencias, las flores del mango son pequeñas, amarillentas y muy perfumadas, y atraen a numerosos insectos polinizadores.

MANGO

Frondosas

Hoja perenne

Sur de Asia

Usos tradicionales y sombra natural

En la medicina ayurvédica, el mango se utiliza para mejorar la digestión y fortalecer el sistema inmunológico. Su árbol, de gran tamaño y copa frondosa, proporciona sombra en climas cálidos y refugio para muchas especies.

Diversidad de variedades

El mango es originario de la India y el sudeste asiático, donde se le conoce como el «rey de las frutas» por su sabor y valor nutricional. Existen más de quinientas variedades, con diferencias en forma, tamaño y sabor.

Almendro
Un árbol valioso

El *almendro (Prunus dulcis)* ha sido fundamental en la economía y la cultura desde la antigüedad. Su fruto, las **almendras**, nutritivas y versátiles, se emplean en gastronomía y para la producción de aceite. Su temprana floración lo convierte en un anuncio de la llegada de la primavera en los paisajes mediterráneos.

Flores

El almendro deslumbra en primavera con sus flores blancas o rosadas antes de que broten sus hojas. A pesar de su apariencia frágil, es resistente y se adapta a climas secos y suelos pobres, prosperando en regiones mediterráneas.

Importancia económica

España, EE. UU. y Australia son los mayores productores de almendras, un cultivo de gran valor. Se cosechan más de 1,9 millones de toneladas al año, con un mercado que supera los 12.000 millones de euros.

Las almendras son ricas en proteínas, grasas saludables y antioxidantes. Su valor nutricional las hace esenciales en muchas culturas.

Fruto

Drupa con una cáscara verde y aterciopelada que se seca y abre para liberar la almendra.

Semillas

La almendra es la semilla del árbol, protegida por una cáscara dura dentro del fruto.

El almendro es uno de los primeros árboles en florecer al final del invierno, anunciando la llegada de la primavera con su espectacular manto de flores blancas y rosadas.

ALMENDRO

Frondosas

Hoja caduca

Asia central

Originario de Asia Central, se cultivaba en la antigua Persia y se expandió por las rutas comerciales hasta el Mediterráneo. En Egipto, se han encontrado almendras en tumbas faraónicas, lo que demuestra su valor como alimento y ofrenda. Su cultivo prosperó en climas cálidos, convirtiéndose en un símbolo de fertilidad, abundancia y renovación en muchas culturas.

Árbol de la canela y alcornoque
Materiales básicos

El **árbol de la canela** (*Cinnamomum verum*), también llamado **canelo**, y el **alcornoque** (*Quercus suber*), fuente de corcho, son especies de gran importancia económica. El corcho destaca por su resistencia y sostenibilidad y la canela por su inconfundible aroma y sabor.

Ejemplar joven de canelo

Además de su valor culinario, el árbol de la canela se cultiva en jardines por su elegancia natural.

Proceso de extracción

La canela se obtiene pelando la corteza de las ramas del árbol: Al secarse, se enrolla de forma natural, formando los tradicionales palitos.

ÁRBOL DE LA CANELA

Frondosas

Hoja perenne

Sri Lanka y el sur de la India

Flores

Pequeñas y amarillentas, agrupadas en racimos, con un aroma dulce.

Fruto

El canelo produce una baya pequeña y oscura que contiene una única semilla. Aunque discreto, este fruto permite su reproducción y dispersión en la naturaleza.

ALCORNOQUE

Frondosas

Hoja perenne

Suroeste de Europa y noroeste de África.

El lince ibérico *(Lynx pardinus)* encuentra refugio y caza en los bosques de alcornoques, su hábitat natural.

Puede vivir más de 200 años y tiene la capacidad de regenerar su corteza varias veces a lo largo de su vida.

Usos del corcho

La corteza del alcornoque se extrae sin dañar al árbol, convirtiéndolo en una fuente renovable. Se emplea en tapones, suelas de zapatos, aislamiento térmico, etc.

Clima y fuego

Crece en las regiones mediterráneas, adaptándose a suelos pobres y climas cálidos y secos. Su corteza gruesa y aislante lo hace resistente al fuego, lo que ayuda a proteger los bosques donde habita.

Flores

Amentos colgantes de color amarillo verdoso, polinizados por el viento.

Fruto y semilla

La bellota, un fruto seco con una cúpula leñosa y escamosa, protege en su interior una semilla rica en almidón.

89

Manzano y naranjo
Frutos del clima templado

El *manzano (Malus domestica)* y el *naranjo (Citrus sinensis)* son *frutales esenciales* en climas templados. Sus frutos, valorados por su sabor y nutrientes, han sido claves en la gastronomía y la cultura mundial.

🌳 Diversidad de variedades

Con más de 7.500 variedades, el manzano destaca por su diversidad en sabores, texturas y adaptación al clima. Algunas resisten mejor el frío, otras maduran más rápido, y muchas se pueden almacenar durante meses sin perder calidad.

🌳 Polinización

Para producir frutos (manzanas) necesita polinización cruzada (el polen de un árbol debe polinizar la flor de otro distinto), con la ayuda de las abejas. La cosecha suele darse a finales del verano y otoño.

Flores y frutos

El manzano florece en primavera con flores blancas o rosadas, muy fragantes. Tras la polinización se forma la manzana, un fruto carnoso muy apreciado por su sabor y valor nutritivo.

Semillas

En el centro de la manzana hay pequeñas semillas marrones que pueden germinar.

MANZANO

Cáucaso y Asia Menor | Hoja caduca | Frondosas

Historia y simbolismo

El naranjo, originario del sudeste asiático, llegó a Europa en la Edad Media gracias a los comerciantes árabes, que lo introdujeron en la península ibérica, donde encontró un clima ideal para crecer.

El naranjo es un árbol de crecimiento moderado que puede vivir más de 50 años.

Variedades

Hay más de 600 variedades de naranjas en el mundo, con características únicas de sabor y textura.

Flores y frutos

El naranjo produce flores blancas y muy aromáticas, el azahar, que atrae insectos polinizadores.
Tras la fecundación, se forma la naranja, un fruto carnoso y jugoso, dividido en gajos y rico en vitamina C.

Semillas

En el interior de la naranja se encuentran semillas pequeñas, blancas o marrón claro, que permiten al árbol reproducirse. Algunas variedades han sido modificadas por los agricultores para no producir semillas.

Quino y árbol de neem
Árboles medicinales

El *quino o árbol de la quina (Cinchona officinalis)* ha sido clave en el tratamiento contra la malaria. Su corteza impulsó el comercio global y revolucionó la salud pública. El *árbol de neem (Azadirachta indica)* es valorado por su extracto insecticida, que protege cultivos de plagas sin recurrir a químicos agresivos.

Símbolo de salud

En Perú, el quino es considerado un símbolo nacional y se honra en el escudo del país por su importancia histórica en el tratamiento de la malaria.

Flores

Pequeñas, rosadas y fragantes, agrupadas en racimos. Atraen a los polinizadores que facilitan la formación de frutos y semillas.

Corteza

Contiene quinina, una sustancia natural con propiedades antiparasitarias. Estas propiedades eran conocidas desde siempre por los indígenas, pero al aparecer la malaria fue el primer tratamiento eficaz para esta enfermedad. También es un ingrediente de la tónica, a la que da su característico sabor amargo.

QUINO

América del Sur	Hoja perenne	Frondosas

Frutos y hojas

El neem produce drupas amarillentas que contienen una o dos semillas. Sus hojas compuestas, amargas y resistentes, también tienen usos medicinales y ayudan a proteger los cultivos de plagas.

ÁRBOL DE NEEM

Frondosas

Hoja perenne

Asia

Este árbol puede prosperar en suelos pobres y climas secos, lo que lo convierte en un recurso valioso en regiones con escasez de agua.

Semillas

La semilla es ovalada y dura, y de ella se extrae un aceite con propiedades insecticidas y medicinales.

El neem es un aliado clave en la agricultura sostenible. Sus semillas y hojas contienen compuestos naturales que actúan como repelentes de insectos, evitando el uso de productos químicos agresivos. También se emplea en algunas comunidades para purificar el agua, eliminando bacterias y parásitos de forma natural.